Les carnets du poète

Les carnets du poète

Une création

Jean-Pierre GARAIC

Toulon Côte d'Azur

France

Autres Titres

- Les carnets du poète illustrés

- Les carnets du poète « Bienvenue chez moi »

- Les carnets du poète « Que perçois-tu ?

- Les carnets du poète « Champagne »

- Les carnets du poète « Donne-moi la main »

- Apprendre de l'amour c'est quoi pour vous ?

*****

Venez découvrir et écouter

« Garaic in Live »

Sur le site de L'Ecrivain du sud

Lecrivaindusud.com

*****

Les carnets du poète

Cœur et Raison

Jean-Pierre GARAIC

Les carnets du poète

Textes, titres, dessins, photos, illustrations.

Couverture. Mise en page, maquette.

© Jean-Pierre Garaic

Tous droits réservés

Toulon

Imprimerie Lulu Press, Inc.

3101, Hillsborough Street

Raleigh, NC 27607

United States

Garaic Editions

Maître Façonnier

83100 Toulon

France

Dépôt légal BNF Septembre 2017

DLE-20170921-55797

IEAN 9791090647404

ISBN 979-10-90647-40-4

Les carnets du poète

Cœur et Raison

Jean-Pierre GARAIC

Auteur

Auteur contemporain, poète et écrivain, il réalise une longue réflexion sur les traits de l'humanité contemporaine, ses forces et ses faiblesses.

Plusieurs ouvrages aux styles différents ont déjà été mis en pages auparavant, avec quelques grands thèmes abordés, et dont leurs points communs sont la passion des mots et leurs significations, ainsi que la transmission de quelques traits de la condition humaine, au travers d'une plume plus poétique que romanesque il est vrai.

Il puise son inspiration dès que celle-ci se présente à lui, comme souvent de manière imprévue, au gré des atmosphères journalières, du présent qui nous entoure et des personnes qu'il rencontre au hasard du temps.

Quand

Quand, dans ton esprit

Tu n'as plus d'espace,

Range tout dans ton CŒUR,

Tu verras,

Il est

Immense.

Et si, malgré tout,

Celui-ci s'épanche

Garde à l'esprit que ton « Être »

Est plus GRAND.

Les carnets du poète

Cœur et Raison

Sommaire

Extraits 1 :

Avec humour

1- Bienvenue petit ange

2- Bingo, ça part de là !

3- Sexy maillot crème

4- Danser sur un bon bout

Bienvenue petit ange

Prématuré ?

Oui, je le suis.

Depuis ma première nuit.

Je ne m'en souviens plus, c'était après minuit.

Je suis arrivé tout nu avec une boite à outils.

Une petite claque sur le cul

Et j'ai poussé mon premier cri ;

« Oh la vilaine, elle tape dur !! »

Alors je lui ai pissé dessus.

Je ne sais pas d'où c'est sorti,

Je ne m'étais pas encore vu.

Bien au chaud je suis resté dans mon joli petit panier

Et pendant quelques jours on m'a laissé flotter

Dans le divin amour que je venais de quitter.

Tout un programme humain, toute une destinée,

Entre couches et câlins s'étaient constitués.

Bienvenue petit Ange 😉

Maintenant,

C'est chez toi ici.

Il va falloir t'y adapter...

😊

Bingo, ça part de là !

Nouveau chemin, nouvelle sphère

Je m'écrase sur la terre.

Les jours s'altèrent.

Un verre de bière me désaltère

Bien fraiche, pas trop amère.

Je trinque tranquille avec mon petit frère.

Et mes voyages ainsi continuant

Je finis par croiser un ange blanc.

Elle est sublime sans dissolvant.

Ses yeux sur moi juste un instant

m'ôtèrent d'un manque violent.

Je ne l'avais pas vu naguère

je ne l'ai compris que maintenant.

Durant toutes ces années guerrières

Cet amour-là je l'avais devant.

Et quand soudain il repassait derrière

Un manque obsessionnel et chatoyant

Me plantait d'autres barrières.

Je comprenais en me nettoyant

De liquides et d'excitants.

Un vrai suicide pour un prince charmant.

Un quart de siècle plus tard

Mes oreilles sifflent parfois de mes égards,

Et le fil d'amour que chaque jour je tisse,

De Melissa depuis se glisse

Sur toutes les courbes

Sur tous les contours

De ces merveilleuses

Alice.

Sexy maillot crème

Début d'après-midi, fin de la semaine

Aujourd'hui c'est vendredi

J'irais bien voir les sirènes.

Jamais auparavant je n'aurais pu penser

Que dans un style invalidant assis sur un parapet

J'allais écrire le temp sur des petits bouts de papiers.

Moi qui autrefois était si vaillant dans les contrées,

Relevant plus que défiant les paris sur la beauté,

Je ne vois plus à présent que des gestes défaillants

Sur à peine quelques mètres carrés.

Alors j'espère toujours me sortir de cette galère,

Qui m'arrache les bras et me bouscule d'avant en arrière.

Mes rames sont lourdes en plus de mes chaînes.

Mon dos nonchalant se courbe et mes vertèbres

s'écrèment.

Il faudrait que j'aille nager

Parce que là je suis à la traine.

Quelques brasses, un dos crawlé,

Me feront fondre ma bedaine.

Et pour être sur la photo

Plus que dans le thème,

J'ai apporté mon petit bonnet bleu

Et mon sexy maillot crème.

Même presque nu il faut encore que je me déguise

Avec deux morceaux de tissus qui me servent de balises.

Une qui couvre ma matière grise

L'autre qui cache ma matière crue.

Une peau bien lisse et même pas velue

L'eau il faut que ça glisse sur un corps en suspens,

Suspendu.

Comme un pied à coulisse

Mesurant intérieur et extérieur

Du dessous et du dessus.

Danser sur un bon bout

Il faut dans sa tête rester debout

Si l'on veut joindre les deux bouts.

Avancer d'un bout à l'autre

Petit bout par petit bout.

Et à la fin, tout mis bout à bout,

Avec ta baguette de marabout,

Tu connaitras les secrets

Tu comprendras les tabous

De ta vie d'avant tout.

C'est tout et c'est beaucoup...

Et si tu joues les bons coups

En pion en cavalier ou en fou,

Une reine, une tour, un courroux,

Te sauteront au cou.

Et c'est ainsi que l'on rallonge

Le bout de notre bout

Avant d'en arriver au bout.

C'est ainsi que l'on prolonge notre but,

Marquant les bons buts

Sur un bon bout.

Et danser sur un bon bout

Quand on est dans les bons buts

C'est être sans aucun doute

Le roi de la culbute.

Parfois même je me redoute

De ces mots qui arrivent par la soute,

Abruptes.

Extraits 2 :

Avec Amour

1- Aime

2- A deux mains

3- Amour

4- Parce que

Aime

A chaque seconde qui passe,

Une nouvelle note vient tinter.

A chaque révolution solaire, sur le visage,

Une petite ride de plus,

En paix.

Le temps qui passe n'est que musique

Qui se grave sur la peau.

La pointe de diamant qui nous pique,

C'est la vie que nous vivons.

Le disque qui en premier la reçoit

C'est l'univers, qui est aussi vivant de cela.

Quand on le regarde

Il nous voit.

Quand on lui parle

Il nous répond.

Quand on l'aime

Il nous aime.

AIME.

À deux mains

Plus je m'éloigne de la terre

Plus près je m'approche de dieu

Et quand plus près de dieu sont mes prières

Plus célestement je comprends ses vœux.

Aspirant métaphores et mystères

Je lis la bible pour m'éclairer les yeux.

Quelques versets ne sont jamais solitaires.

Psaumes sacrés sont toujours solidaires.

Main dans la main

Nous commençons à deux.

A deux mains.

Amour

Comment parler de l'Amour

Sans lui parler de toi ?

Comment le chanter Seigneur,

Moi qui ai perdu la voix ?

Avec un baiser en couleur,

Et quelques paroles d'avril.

Avec un regard en fleur,

Avec un regard fébrile.

Amour avec Amour,

C'est de l'Amour construire.

Parce que

Pourquoi ?

Parce que ce jour est un jour important.

Pourquoi ?

Parce que s'unir c'est vouloir être plus grand.

Pourquoi ?

Parce que s'aimer est un joyau précieux.

Pourquoi ?

Parce que se marier est une immense allégresse.

Pourquoi ?

Parce que dieu en cela nous aide.

Pourquoi ?

Parce que dans ses yeux, mon cher ami,

Tu as trouvé ta lune.

Pourquoi ?

Parce que dans les tiens elle y a trouvé ta douceur.

Pourquoi ?

Parce ce que c'est ainsi qu'apparaît l'univers.

Pourquoi ?

Parce que c'est ainsi que débute l'éternel.

Pourquoi ?

Parce que de cet éternel vous en faites déjà parti.

Pourquoi ?

Parce que dans votre poitrine

Vous entendez battre votre cœur.

Pourquoi ?

Parce que sur la peau, vous mélanger vos émotions.

Pourquoi ?

Parce que la vie aussi a besoin de passion !

Pourquoi ?

Parce que vivre, c'est aimer sans raison.

Pourquoi ?

Parce que la raison aussi peut tomber amoureuse.

Pourquoi ?

Parce que l'Amour est,

Le premier baiser de dieu.

Et moi, je vous souhaite le meilleur des dieux.

Extrait 3 :

Avec rébellion

1- Instinct de Tigre

2- 10 000 ans de plus

3- Entre deux murs de pierres

4- Osiris

Instinct de Tigre

J'attends le vent nouveau

Ma barre bien en mains

Je repars sur les flots

De mon empire, de mon destin.

Allumer tous les phares

Saluer tous les marins

Les sillons de mes paraphes

Ici ne me servent à rien.

Cet appel du grand large

Fut un constant besoin,

On m'a souvent pris pour barge

A vouloir percer la banquise,

Parfois manchot, parfois pingouin,

Pas de nœud pap à ma chemise

Pas de queue de cochon, pas de groin,

Juste un instinct de félin

Comme un originel instinct de tigre.

J'ouvre tous les chemins qui me permettent de vivre.

Et quand même je suis ivre

Et que la vie me met à genoux

Je continue de la traduire

Tentant de rester debout.

Elle et moi on est en compte

Elle sait que c'est elle que je joue.

Alors sa violence s'estompe

Tout en me lacérant la joue.

J'ai quelques coups d'avance

Plusieurs danses avec elle,

Plusieurs peines, plusieurs courroux.

Elle ne me posera pas de chaînes

Elle ne me plantera pas de clous.

Juste me faire sentir ses rênes

Si je plonge

Aux chants des sirènes

Ou si je redeviens Loup garou.

10 000 ans de plus

Je crois que c'est contre moi que je me bats.

En tout et en tous je me vois.

Je ne sais pas d'où c'est parti

Mais ça fait mille ans déjà

Que l'on a cassé le fil de la magie.

La guerre de cent ans fut un signe non compris.

On modifie le sens pour lui redonner vie

Et au fil du temps on ne sait plus qui est qui.

On change de nom, on change de logement

On change d'identité, on s'éloigne des enfants

Il n'y a plus de réflexes

Rien que des conditionnements.

Alors oui, on a perdu le fil du temps.

On va trop vite, il faut trop de mouvements

Si l'humain fait faillite

Il perd sa couronne de diamants.

Plus besoin de satellites, de pétrole et d'argent,

Mais d'un âne, de l'eau,

Et un peu de pain blanc.

Pensez-y.

Cela s'est déjà passé.

Il y a dix mille ans.

Entre deux murs de pierres

Le soleil sur les jambes

Un fond musical

Des cigales qui chantent.

Dans mon patio, sur une chaise,

Je pose quelques mots

Aux saveurs de bois de rose,

Aux épices sucrées,

A l'infus de voie lactée.

Pris entre deux murs de pierres,

L'un qui fait le fier et l'autre le hibou,

Je regarde l'atmosphère au travers d'anciens cailloux.

J'y vois des rivières.

Certaines très claires, et d'autres très floues.

Les unes de naguères et d'autres,

Traversées par des gnous.

Les eaux de la terre arrivent du haut clair,

Et courent jusqu'au bleu foncé défiant monts et vallées,

Afin d'abreuver et de nourrir

Tout ce qui est né de la terre.

Et vouloir en beauté continuer à cela faire.

Osiris

Je sais que rien n'est fini.

Ce n'est juste qu'un peu de répit.

Même l'encre me manque aujourd'hui.

Tous mes stylos sont vides

Et je n'ai plus de liquide pour les raviver.

Je suis en manque d'amour et d'amitié.

Je suis en manque toujours de ce rêve irréalisé.

Trop de membres me manquent, ils sont tous

déchiquetés.

Trop de batailles, trop de mines

Tantôt jugé coupable tantôt jugé victime

Je n'arrive plus à me rassembler.

Autrefois, Osiris y perdit sa plume.

Moi, aujourd'hui, c'est ce qu'il me reste encore de

complet.

Extraits 4 :

Avec psychologie

1- Borderline

2- Flux Tendus

3- Il faut que j'arrête

4- Armistice

BORDERLINE

Je me métamorphose

Je m'arrache les cheveux

Je me fume, je me cirrhose

Je ne crois plus en dieu.

Tout un intérieur qui implose

J'ai du cristal plein les yeux

Et dans ce kaléidoscope

De jours pleins et de jours creux

Il me sort des ecchymoses

Qui ne font aucun envieux.

Force est de constater

Qu'un esprit ainsi enchainé

Puisse tour à tour vouloir un jour s'éliminer et,

Après avoir cela surmonté,

Désirer le lendemain,

A ceux qui lui font mal, crier.

Une violence qui m'est étrangère

Car elle n'est plus du cadre humain

Plutôt d'une ère animalière

Qui perdure encore ce matin.

Je n'arrive même plus à rire avec mon enfant.

Mais que va-t-il lui rester au dedans ?

Et là, dans la tête, ça bascule.

Miss borderline arrive en trombe

Elle pousse tout, elle me bouscule.

Elle me raidit le coup.

Je succombe.

J'ai besoin d'une capsule

Pour me ramener dans le tendre.

C'est une folie qui vous absorbe

Quand le dehors prend soudainement le dessus

Alors la liberté s'étiole

De l'avoir déjà trop vécue.

Ensuite je me rhabille,

Je me lave, je me vois.

J'enfile un jean, un rien m'habille,

Je n'y peux rien, c'est comme ça.

Il faut que je trouve ce qui ne va pas.

Trouver l'équation et ses inconnues

Qui perturbent ma raison

Et me vident de tous flux.

Entre artifices et farandoles

Moi seul navigue à vue.

Et même si parfois j'extrapole

C'est que vos mirages sont trop crus.

On y a modifié les paroles

Certaines même ont disparu

On n'a plus les paraboles et leurs vastes étendues.

On inverse les mots à la sortie des écoles

On écrit au couteau sur le capot des bagnoles

On tague les murs et ça nous rend moins beaux.

J'en ai assez de ces murmures qui me frappent

dans le dos.

Sans bouclier, sans armure,

Je repars de zéro.

Pas facile de conclure

C'est mon dernier métro.

Flux Tendus

Toutes mes pensées vont trop vîtes

L'instant présent ne se fixe plus.

Je ne peux me concentrer

et cela m'irrite

Je me sens absent, parfois imprévu.

Je voudrais finir mes livres

Avant de finir de perdre la vue

Editer enfin tous ces titres

Connaître leur valeur si elle est en écus.

Ne plus avoir de douleurs quand je respire

De savoir qu'il me manque des couleurs

Car je n'ai pas tout vu.

Alors même de cela je m'en inspire

Je me mange aussi tout cru.

Pathétique nourriture orpheline

Quand le vin se dissout dans le fût.

Il m'arrive parfois de gober de l'aspirine

Quand mes dents du dessous

Prennent soudainement le dessus.

Incessantes douleurs malignes

Qui reviennent,

En   Flux   Tendus.

Il faut que j'arrête

De regarder la lune

Il faut que j'arrête.

De regarder l'heure

Il faut que j'arrête.

De compter les chiffres

Il faut que j'arrête.

De compter les fleurs

Il faut que j'arrête.

De lire à l'envers

Il faut que j'arrête.

De symboliser l'air

Il faut que j'arrête.

De revenir en arrière

Il faut que j'arrête.

De vouloir me foutre en l'air

Il faut que j'arrête.

De boire trop de bière

Il faut que j'arrête.

De fumer des clops en cachette

Il faut que j'arrête.

De jouer les costauds en planche à roulettes

Il faut que j'arrête.

De trop faire dodo

Il faut que j'arrête.

De rester très tard au boulot

Il faut que j'arrête.

De me faire avoir par des escrocs

Il faut que j'arrête.

De me mettre en pétard

Il faut que j'arrête.

De me coucher trop tard

Il faut que j'arrête.

De vivre comme un cafard

Il faut que j'arrête.

De me pousser trop loin le bouchon

Il faut que j'arrête.

Ça me rend les acouphènes ronchons

Et ça, j'aimerais bien que ça s'arrête.

Armistice

Ce soir je sors, regarder et sentir.

La neige s'est endormie

Gouttant son triste sort

De fondre de plaisir

Au sud plutôt qu'au nord.

Autrefois j'étais gorille

Et ce soir la lune brille

Alors en yéti je m'habille

Elle m'appelle au dehors.

Retrouver l'élixir

Retrouver le parfum

De mes défunts soupirs

Aux abords de ses seins.

Voyager si l'on peut

Plus loin que nos yeux

Voir de l'intérieur

Qu'un plus un font un deux.

Sentir le meilleur qui me parle si pieu,

Et d'un autre ailleurs qui me plante des pieux.

Incessant dialogue qui se passe de moi

Ils me coupent la parole ils se moquent de moi.

Ils applaudissent ? Serais-je une idole ?

Non, je ne le crois pas...

Je me détisse de cette toile au gout de réglisse.

Avec classe et avec délice

Je quitte le bal.

Je pars

Pour l'armistice.

Extraits 5 :

Avec ressentiments

1- Mi Amor

2- Adieux en souffrance

3- Pense à toi

4- ARTOFF

Mi Amor

Ne m'en veux pas si j'insiste sans fin,

C'est au-delà de moi, c'est au-delà des saints.

Ton parfum déposé sur moi autrefois,

Envahit mes désirs refoulés par toi.

Je m'efforce d'enlever tout cela

Et de ne plus te nuire de mes états.

Bientôt, j'userai de la distance

Je prendrai des vacances.

Mon esprit a besoin de cela.

Et jusqu'à ce que la mort ne me désigne sa place,

Je continuerai de suivre ta trace.

Sans regrets, ni remords,

Que j'ai raison ou que j'ai tort,

Je me garderai une place

Parce que c'est toi

MI AMOR.

Je sais pourtant qu'il faut que j'efface

Tous ces mots d'amour jetés dehors

Ces tendres boomerangs inefficaces

Et dont le subtil écho se distord.

J'aurais aimé qu'ils deviennent ton aurore, ton zénith,

ton crépuscule, ton coucher.

Ils sont si doux, ils sont si forts,

Qu'ils ne rêvent que de tes chauds baisers,

Quand ils distribuent aussi de l'or.

Adieux en souffrance

Adieu magnifique femme

Puisque l'on ne s'aime plus.

Adieu chère madame,

Car en moi, vous n'avez cru.

Adieu, oui je le clame,

Adieu car je n'en peux plus.

Adieu à cette flamme

Qui ne fait que me brûler les yeux.

Adieu à votre allégresse

Elle ne me touche plus

Adieu belle prêtresse

Votre foi fut bien trop crue

Adieu félines tigresses

Gardez vos griffes suspendues

Rangez aussi vos flèches

Aux extrêmes trop pointues.

Adieu et pardonnez-moi

Si ces paroles vous blessent.

Hélas toute cette tristesse

Ne me vient que de vos yeux.

Adieu,

Un mot juste et sérieux

Et pourtant remplit de tendresse

Un répit en ces lieux

Sur une terre en détresse.

Adieu mademoiselle « Everest »

Votre sommet trop haut m'a trop tôt rempli d'ivresse.

Adieu à cette fantasque idée

Qu'encore aujourd'hui je dresse

Et qui, pourtant depuis des siècles, continue de me

blesser.

Adieu.

Ces quelques mots ne sont encore que des caresses

Qui sont bien peu de réconfort

Face aux soudaines falaises.

Adieu frétillante humaine.

J'en garderai une symbolique emblème,

Une esquisse comme diadème

Quelques maux et quelques œdèmes.

Adieu à vous

La souveraine de nos courroux et de nos peines.

Adieu belle demoiselle

Ancien esclave hier

Aujourd'hui je me soulève !

Je veux ôter ces enclaves

Qui depuis m'ouvrent les veines.

Adieu jolie sirène

Cela vaut mieux, cela me freine,

Quand je voyage du cyan de l'océan

Au vert des hautes plaines.

Adieu amour passé

Trop de transferts,

Parfois eux-mêmes refoulés.

Tout cela n'est qu'un seul et même enfer

Qu'il faut aujourd'hui au concret, maîtriser.

Adieu à vous et bonne route

Souvenez-vous que je vous ai aimé

De tout mon cœur et de sa soute,

Mon âme, à ce jeu, faillit y rester.

Adieu mystérieuse Valentine

Toutes mes fleurs, à cette fête,

Vous les avez jetées.

Elles sont mortes désormais

Même dans ma tête.

Adieu et non au revoir

Car de vous revoir je redoute.

C'est envahi de désespoir

Qu'après vous, bien des fois

Je reprenais la route.

Adieu et souriez à la vie

Car si elle vous voit le faire

Elle le fera aussi.

Adieu n'est pas un mot éternel

Ce n'est qu'une plus grande distance entre nous deux.

Adieu vient aujourd'hui s'assoir

Et remplacer les aux revoirs

Que dans mes prières j'envoyais à dieu.

Adieu.

Car à force de regarder passer le temps et de me voir

devenir vieux

Je préfère maintenant me projeter devant

Cela me rajeunit un peu.

Pense à toi

Quand ma flamme s'éteint parce que l'oxygène

lui manque

Quand le froid revient pour se changer en claques

Quand même l'obscurité se planque

Je pense à toi.

Quand je reconnais le même matin

Parce que son éclat est chagrin

Quand les premiers rayons ardents me caressent

les mains,

Et que je ne ressens plus rien

Quand le chant des serins est couvert par le bruit

des terriens

Je rêve de toi.

Quand l'air du temps est maussade

Et que son goût me rend malade

Quand mes genoux saignent de Compostelle à Grenade

Quand je vois cet humanoïde règne s'étaler

comme de la marmelade

Je n'ai qu'une envie

C'est toi.

Quand quelques jours seront passés,

Parce qu'il faut encore un peu patienter

Quand les douleurs se seront estompées

Quand plus rien ne m'empêchera de me redresser

Je viendrai te retrouver.

Où que tu sois.

ARTOFF

Je continue parfois encore

A t'envoyer une onde colorée

De poésie, de métaphores,

D'un autre lieu, d'une autre vie,

Pour ne pas que tu oublies

Que tu es une personne à aimer.

En langage d'ailleurs on dit :

« **Artoff** »

me semble-t-il,

Quand on refuse ce qu'au fond l'on désire.

J'ai su aussi enlever cette étoffe

Pour ne pas m'arrêter de te dire

Que cet amour en apostrophe

Reste douloureux encore quand je respire.

C'est ainsi.

Trop près de toi

Je redeviens un félin mâle

Tant de respect, à la fin,

Tu m'inspires.

Extrait 6 :

Avec patience

- Assis au 24

Assis au 24

J'attends ....

Assis au 24

Je suis ....

Assis au 24

Je reconstitue ....

1°   J'attends mes rêves

2°   Je suis mon propre élève

3°   Je reconstitue la sève

Assis au 24

Pas d'épée ....

Assis au 24

Je vois ....

Assis au 24

Elle est ....

4°   Pas d'épée, pas de glaive

5°   Je vois la ruelle

6°   Elle est ancienne, elle est belle

Assis au 24

Je vois ....

Assis au 24

Je l'imagine ....

Assis au 24

Je regarde...

7°   Je vois la danse des hirondelles

8°   Je l'imagine sensuelle

9°   Je regarde passer les demoiselles

Assis au 24

J'entends ....

Assis au 24

J'apprends ....

Assis au 24

J'attends ....

10°   J'entends leurs battements d'ailes

11°   J'apprends ici, mes rêves

12°   J'attends mon heure

Assis au 24

Mes idées ....

Assis au 24

Je reprends ....

Assis au 24

Une journée ....

13°   Mes idées j'éclaire

14°   Je reprends de la hauteur

15°   Une journée s'achève

Assis au 24

Aujourd'hui ....

Assis au 24

Mon monde ....

Assis au 24

J'oublie ....

16°   Aujourd'hui j'ai du bonheur

17°   Mon monde est meilleur

18°   J'oublie un peu l'ailleurs

Assis au 24

Je ne pense plus ....

Assis au 24

Au loin ....

Assis au 24

Le calme ....

19°   Je ne pense plus à la peur

20°   Au loin pas de bateleur

21°   Le calme remplace douleur

Assis au 24

J'ai ....

Assis au 24

Elle ....

Assis au 24

J'attends ....

22°   J'ai des plantes et j'ai des fleurs

23°   Elle m'a souri de tout son cœur

24° J'attends mes rêves en couleurs.

À bientôt.

GARAIC

Les carnets du poète

Cœur et Raison

Sommaire

Autres Titres

- Les carnets du poète illustrés

- Les carnets du poète illustrés

- Les carnets du poète « Bienvenue chez moi »

- Les carnets du poète « Que perçois-tu ? »

- Les carnets du poète « Champagne »

- Les carnets du poète « Donne-moi la main »

- Apprendre de l'amour c'est quoi pour vous

- La dépression c'est quoi Papa ?

*****

Venez découvrir et écouter

« Garaic in Live »

Sur le site de L'Ecrivain du sud

Lecrivaindusud.com

Garaic Editions

Maître Façonnier

83100 Toulon

France

Imprimerie Lulu Press, Inc.

3101, Hillsborough Street

Raleigh, NC 27607

United States

Dépôt légal BNF Septembre 2017

DLE-20170921-55797

IEAN 9791090647404

ISBN 979-10-90647-40-4

www.ingramcontent.com/pod-product-compliance
Lightning Source LLC
Chambersburg PA
CBHW070023110426
42741CB00034B/2369